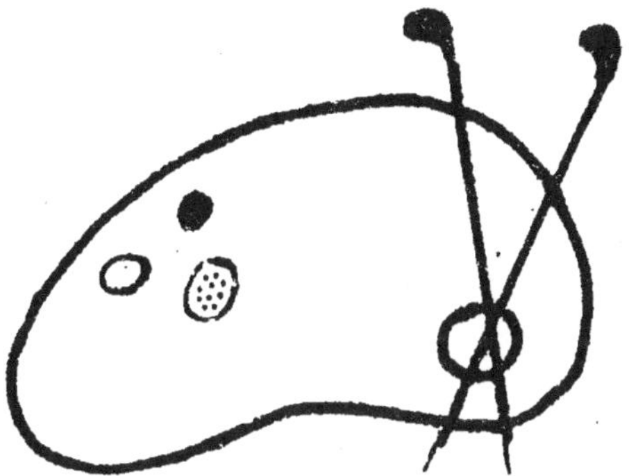

Couvertures supérieure et inférieure
en couleur

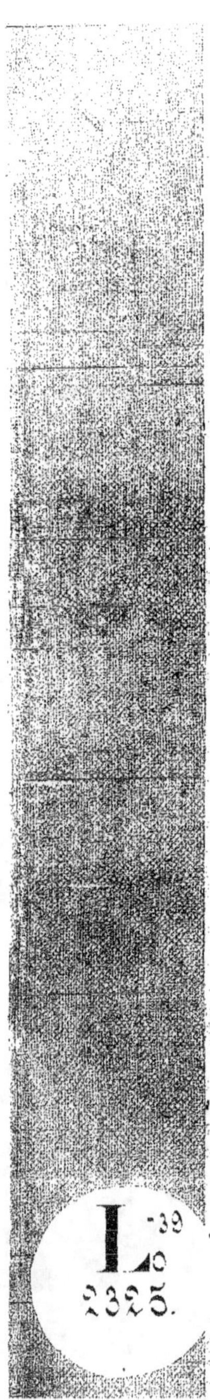

DE L'APPEL
AU PEUPLE;

Par M. PEUCHET, *Avocat.*

1789.

DE L'APPEL
AU PEUPLE.

L'APPEL au peuple, *provocatio*, après avoir fait
la gloire & la puiſſance des nations les plus éclairées
de l'antiquité, eſt diſparu de notre légiſlation mo-
derne. L'eſprit de deſpotiſme, de gouvernement
arbitraire, l'habitude d'une ſoumiſſion machinale,
l'adreſſe des ſouverains & la lâcheté des hommes
ont rendu ce droit inconnu parmi nous, le mot eſt
à peine entendu. Si quelques écrivains en ont parlé,
ce n'a été que comme d'une choſe impraticable,
illuſoire ou dangereuſe, comme d'un uſage incom-
patible avec l'ordre & la police des états ; comme
ſi Rome & la Grèce n'avoient point eu de police,
comme ſi ces peuples ne s'étoient point élevés à
un grand degré de civiliſation, comme ſi de
ſages, de courageuſes, de juſtes loix n'avoient
point été le fruit de leur gouvernement, de leur
politique. Que l'intérêt de ceux qui ſe ſont par-
tagé le monde, que l'ambition, la cupidité d'un
petit nombre d'hommes, faſſent regarder l'*appel* au
peuple comme une inſtitution dériſoire & abſurde à
quelques eſclaves des préjugés & de l'habitude, c'eſt
une choſe toute ſimple. Mais que des peuples pleins
d'ame & de raiſon, & dont cependant l'honneur
avili eſt devenu le jouet des paſſions de leurs maîtres, que des peuples qui ont intérêt à être libres
& heureux, aient pu adopter une ſemblable façon
de penſer ; qu'ils en ſoient les imbécilles défenſeurs,
& qu'idolâtres de leur ſervitude, ils repouſſent avec
dédain & horreur tout homme qui cherche à leur
rappeller leur antique gloire, leur première vertu,

A

c'eſt ce qui eſt étonnant , & c'eſt ce qui eſt pourtant très-vrai.

Ce ſeroit une choſe curieuſe que de rechercher par quel enchaînement malheureux de foibleſſes & d'erreurs , par quel aveuglement , quel dérangement dans l'ordre moral des idées , des nations entières ſont parvenues à cette incroyable détérioration de principes & de ſentimens. Que l'homme captif, qu'une chaîne peſante attache aux volontés d'un tyran , que le foible pour qui le ſecours des autres eſt un beſoin journalier, que le pauvre dépouillé , que le riche ſoudoie , reſtent courbés ſous le poids de l'eſclavage & ſe croient heureux de vivre dans les fers, qu'ils ſe faſſent un ſyſtéme de réſignation de leur aviliſſement , que l'impuiſſance d'en ſortir légitime leur inſouciance & leur tienne lieu d'excuſe , voilà qui eſt concevable. Mais que la terre ſoit abandonnée à deux ou trois cents maîtres qui en diſpoſent , que les habitans qui la cultivent, qui la peuplent, qui l'animent , ſoient involontairement & forcément réduits à forger le métal dont leurs chaînes ſont fabriquées , qu'ils ne ſoient rien , que leur vœu ne préſente qu'un vain deſir , leurs paroles de vains ſons , leur exiſtence une durée phyſique d'êtres toujours paſſifs , voilà ce qui eſt inconcevable & ce qui eſt pourtant encore vrai.

Si je jette mes regards dans l'antiquité & ſur quelques parcelles de la terre où la liberté vit encore , je remarque que par-tout où les peuples ſe ſont réſervé le droit de ſe réunir indéfiniment en corps , où la nation s'aſſemble réellement & phyſiquement, où le citoyen peut perſonnellement agir comme membre de l'état & comme homme , ſans avoir d'autre maître que la loi , là ſeulement je n'apperçois ni cette honte, ni cette dégradation qui aviliſſent les peuples eſclaves.

C'eſt que dans ces états chacun pouvant dénoncer au peuple , c'eſt-à-dire , à la nation , les injuſtices , les vexations, les prévarications des magiſtrats, des officiers publics ; les loix confervent leur force , leur autorité ; & fi quelquefois on y déroge en faveur de quelqu'un ; comme la dérogation eft notoire , qu'elle eft faite par ceux-là même qui ont le plus d'intérêt à l'ordre , qu'elle ne leur eft arrachée ni par l'adreffe , ni par la violence , il n'y a point d'infraction du contrat public , & les loix ne perdent rien de leur pouvoir. Or, c'eft dans l'impartiale & entière exécution des loix envers & contre tous , que confifte la véritable liberté civile , celle de favoir ce qu'on peut & ce qu'on ne peut pas faire , en vertu de l'accord politique.

Ajoutez que les loix font bien plus foigneufement faites , bien plus appropriées à la conftitution , au caractère populaire , lorfqu'après avoir été rédigées par des magiftrats particuliers , elles font lues , difcutées devant l'affemblée , non des repréfentans , mais de la nation même ; car ces repréfentans formant un corps ifolé , n'offrent bien fouvent qu'une autorité monocratique, répartie entre plufieurs agens, dont la conduite ne peut infpirer la fécurité , qu'autant que la crainte d'être défavoués par leurs conftituans , peut les retenir.

Mais il eft impoffible , direz-vous, d'affembler phyfiquement une nation , de lui parler , d'en appeller à fes jugemens de ceux des magiftrats ; il faut néceffairement qu'un petit nombre fe charge du gouvernement de tous , & que la totalité des peuples renonce au rôle de fouverain , pour l'abandonner en entier à quelques particuliers.

D'abord , on ne prétend point *qu'on affemble* une nation , c'eft à elle-même à s'affembler : en fecond lieu , s'il n'eft pas poffible de s'adreffer à tous les individus de tous les lieux à la fois , & dans le même endroit , on peut le faire en divers lieux ; & comme on parle à tout un royaume par une loi émanée d'un confeil , on peut dans chaque ville , dans chaque bourgade , s'adreffer aux citoyens , & par une

adminiftration fort fimple , réfumer l'opinion com‑
mune.

Comment peut-il donc fe faire que l'avantage
conftitutionnel , le bien public qu'un pareil ordre
des chofes peut produire , aient été mis en queftion
par des écrivains éclairés? Comment fe fait-il que
des hommes , même de bonne foi , amis des loix ,
l'aient profcrit comme dangereux & chimérique ?
C'eft que dans tout établiffement politique les avan‑
tages & les inconvéniens marchent enfemble , &
que dans un pays où la légiflation s'approche du
fyftême de liberté populaire , celui qui y vit ne verra
que les heureux effets de cette forme , au lieu que
dans les autres on ne s'attachera qu'aux abus qui
peuvent en naître. Mais dans l'ufage de confulter ,
d'affembler une nation , de regarder le peuple comme
le fouverain juge en tout ce qui touche le bien pu‑
blic & l'état focial , l'homme impartial voit , à in‑
convéniens égaux , une fomme de gloire , de liberté ,
de vertus qui n'exiftera jamais fous aucune autre
forme politique.

Il eft donc certain que l'*appel* au peuple eft un
des grands refforts des gouvernemens , celui qui en
tirant fa force de la fource même du pouvoir , &
préfentant continuellement les loix au légiflateur ,
les magiftrats au fouverain , met la liberté fous la
fauvegarde de l'état , & fait du bonheur public l'ou‑
vrage de toute la nation. Et qu'on ne m'oppofe pas
les écarts du champ de Mars à Rome , & quelques
fautes de la démocratie athénienne , car je répon‑
drois par la lifte des fureurs , des maux & des crimes
que nous devons à l'abolition de cette coutume , &
à l'indivifibilité de pouvoir ou fa concentration
dans quelque corps. Mais ces réflexions trou‑
veront mieux leur place dans le cours de cet article ,
où nous ne nous propofons cependant pas tant de
confidérer l'*appel au peuple* comme moyen de
légiflation politique , que comme principe d'ordre ,
de police & de liberté publique.

J'examinerai donc, 1°. Si *l'appel* au peuple étant de droit naturel, une nation peut irrévocablement le perdre.

2°. Quels furent, chez les anciens, fon état & fon influence fur la morale publique & la police.

3°. Comment on pourroit rétablir *l'appel* au peuple aujourd'hui.

4°. Quels feroient, dans l'ordre actuel des inftitutions politiques, les objets dont on pourroit appeller au peuple.

5°. Quelles feroient les fuites d'un pareil établiffement fur l'obéiffance civile, les mœurs & l'éducation nationale.

Sous tous ces chefs, je réunirai ce que la réflexion & l'autorité des faits m'encourageront à dire : je ne prétends donner de leçons à perfonne. J'écris autant pour l'avenir que pour le préfent, & dans ce cas je ne dois pas m'attacher tellement au joug des idées préfentes que je ne me permette quelque liberté de penfer d'après moi, ou plutôt d'après l'hiftoire même de la civilifation. Ainfi je dirai librement mon opinion, heureux fi je trouve quelques lecteurs qui penfent comme moi ! Et qui fait fi ces idées ne germeront pas chez quelque peuple encore neuf & perfuadé que ce qui fit d'Athènes & Rome, les premières villes de l'univers, & l'objet de notre admiration, ne doit pas être regardé comme digne des fuffrages d'une nation qui veut fe former ?

1°. Nous défendons, en général, notre liberté, comme les proteftans défendoient leur état après la révocation de l'édit de Nantes, c'eft-à-dire, lorfque tout ce qui les entouroit & les commandoit, s'intéreffoit à leur perte. *Rouffeau* combat l'efclavage avec une logique auffi éloquente qu'étoit profonde celle qu'employa *Bayle* pour démafquer l'hypocrifie fanatique de la cour de Louis XIV. Les proteftans n'en furent pas moins chaffés, perfécutés, & quarante ans après, on n'en vit pas moins l'ordonnance de 1724 ; aujourd'hui, malgré le *contrat social*, les loix sont publiquement violées, & il n'existe de liberté que pour ceux qui peuvent assurer à leurs crimes l'impunité, fruit de l'or & du crédit.

Peut-être, cependant, que si les enfans de la réforme eussent pu faire entendre leurs plaintes au monarque, ils eussent été soustraits à l'inquisition des intendans & aux fureurs de nos troupes ; & peut-être aussi que si les peuples eussent pu prendre connoissance des injustices civiles & politiques dont nos annales sont souillées, que l'*appel* des sentences iniques, des condamnations absurdes, eût été porté à leur tribunal, les loix eussent été maintenues, & la liberté avec elles.

Et dans cette demande, je ne vois rien qui soit contraire au droit naturel des peuples. Il est des crimes de convention, il en est de naturels. La première espèce est de nature à changer de châtiment. Le peuple, dont l'opinion seule forme la règle en cette matière, s'est donc tacitement & implicitement réservé le droit de changer à son gré des-peines qui n'ont plus d'objet. Il s'est donc réservé de prononcer en dernière analyse sur cette partie de la police publique ; celui qui appelleroit d'un jugement porté contre lui, en ce cas, ne feroit donc qu'appliquer à son bien particulier l'exercice d'un droit inhérent au peuple, & le peuple, en cassant ou confirmant la sentence, ne feroit qu'user d'un pouvoir qui lui appartient.

Il y a plus, lorsque les loix d'un état sont promulguées, soit qu'elles soient l'ouvrage du peuple, soit qu'elles ne le soient que d'un petit nombre de délégués, l'exécution en est confiée à des magistrats revêtus d'un pouvoir exécutif. Mais si ces magistrats refusent d'exécuter les loix, si en faveur de quelques membres de leur ordre, ils se rendent prévaricateurs, à qui le citoyen opprimé s'adressera-t-il pour obtenir la justice qu'on lui refuse ? Formera-t-il des partis dans l'état ? Troublera-t-il la

tranquillité publique par des mouvemens hoftiles ?
Mais ces moyens ne font point à la portée de tous
les membres de l'état, & ceux même qui pourroient
en faire ufage aimeront fouvent mieux renoncer à leur
droit que d'y recourir. Ainfi la puiffance réelle, l'action
du pouvoir feroient donc abfolument paffées des mains
du fouverain, aux magiftrats chargés du pouvoir
exécutif, la liberté perfonnelle, fource & bafe de
la liberté publique feroit donc anéantie ; il a donc
été néceffaire, & les peuples ont dû le fentir, que
l'*appel* au peuple fût un des élémens de la conftitution, qu'il fût refpecté & ouvert à tous ceux qui en
voudroient faire ufage.

Bien loin donc que l'on puiffe mettre en queftion
fi cette faculté eft contre le droit naturel des peuples
policés, on voit qu'elle en fait une partie tellement
effentielle, que fi on y fait attention, on verra que
pour y fuppléer, on a été obligé de recourir à des
formes qui, en confervant aux fouverains leur ufur-
pation, continffent cependant affez les défordres
particuliers, pour que l'état ne devienne pas la proie
du crime & de la cupidité fecrette.

C'eft ainfi qu'une loi de *Conftantin*, affujettiffoit
le magiftrat à recevoir les applaudiffemens ou le
blâme du public, lorfqu'il fortoit de charge, comme
une forte d'*appel* au peuple, fur la juftice de fa
conduite ou la prévarication de fes démarches. *Juf-
tiffimos judices. . . . . . . omnibus collaudandi da-
mus poteftatem, & è contrario injuftos querel-
larum vocibus accufandi, ut cenfuræ noftræ vigor
eos abfumat.* C'eft ainfi que, dans nos gouvernemens modernes, les fouverains, par des manifeftes,
les jurifconfultes & les particuliers par des écrits, en
appellent au peuple, & cherchent à réunir en
leur faveur le cri de l'opinion publique, qui, au
fond, n'eft que le jugement de la nation, exprimé
confufément & indirectement.

Qu'un peuple libre ne fe fût point réfervé le droit
d'*appel*, c'eût été renoncer à fa liberté, à fa qua-

lité d'homme : or, aucun avantage particulier n'a dû balancer à ſes yeux cet inconvénient ; & c'eût été une abſurdité de ſtipuler, d'un côté, une autorité abſolue, & de l'autre une obéiſſance ſans bornes. L'autorité eût été abſolue ſans l'*appel*, puiſque rien n'eût pu s'op-poſer alors à l'abus du pouvoir exécutif, &, par la même raiſon, l'obéiſſance eût été ſans bornes. Le droit de légiſlateur conſervé au peuple eût été illu-ſoire ſans cette précaution, le ſouverain n'eût plus été ſouverain. Donc l'*appel* au peuple eſt de droit naturel conſtitutif de l'état de ſociété libre, bien loin d'être une ſource de troubles & d'anarchie.

Et comment pourroit-il être une ſource d'anarchie? Quel eſt l'audacieux aſſez intrépide, dans un état où l'*appel* au peuple a lieu, pour s'expoſer à une accuſation dont la nation même va devenir juge ? Quel ſera l'homme aſſez téméraire pour en calom-nier un autre, lorſque celui-ci pourra ſe défendre par la même voie, & que chacun peut s'inſtruire publiquement de ſa cauſe ? Qu'on ne diſe donc pas que cette forme démocratique a pu engendrer l'a-narchie, ce malheur n'eut jamais lieu que lorſque des ambitieux ſoulevèrent l'état, employèrent la force des armées contre les citoyens, & detruiſirent les loix qui faiſoient le ſoutien de la conſtitution, mais par d'autres moyens ſans doute que l'*appel* au peuple. Tant qu'il ſubſiſta dans toute ſa force, la corruption ſecrette, les brigues furent moins puiſſantes ; parce qu'expoſé à ſe voir juger par la nation même au moin-dre ſoupçon de tyrannie, l'ambitieux que ne retenoit plus l'amour de la patrie, le fut par la crainte. C'eſt ce que nous verrons encore mieux tout-à-l'heure, & ce que prouve invinciblement l'exemple de Rome & d'Athènes.

II°. Ces états, dont les noms ſeuls rappellent des idées de gloire & de puiſſance, jouiſſoient, dans toute ſa plénitude du droit d'*appel* au peuple. *Le légiſlateur d'Athènes*, dit Plutarque, *permit d'ap-peller devant le peuple de toutes les choſes dont con-*

noiſſoient *les officiers*, *à ceux qui penſeroient être*
grévés par leurs ſentences. (*Vie de Solon.*) Si la
liberté individuelle devient, quand elle eſt reſpec-
tée, le fondement de la liberté publique, Athènes,
d'après cette loi, devoit toujours être libre. Mais
des fautes, & la jalouſie de Lacédémone, la mirent
quelquefois aux fers. Au reſte, on ne ſauroit douter, que tant de chef-d'œuvres, de ſi grands progrès dans les arts & la civiliſation, le nombre pro-
digieux d'hommes célèbres dont Athènes fut le ber-
ceau, ne duſſent leur naiſſance à la démocratie éta-
blie par Solon, & plus encore par ſes ſucceſſeurs.
Dans une république, en effet, où la liberté de
l'*appel* au peuple maintient les magiſtrats, les officiers publics dans leurs devoirs, & les aſſujettit à une
juſtice impartiale, il eſt certain que la ſûreté per-
ſonnelle & de la propriété, miſe à l'abri de l'aſtuce
& de la rapacité, eſt un des plus grands encourage-
mens donnés à l'induſtrie publique, au génie, à
la vertu civique. Qu'Athènes eût été irrévocablement
& ſans *appel*, ſoumiſe au jugement de ceux qui la
gouvernoient, quelque préciſes qu'euſſent été ſes
loix, quelqu'attention qu'on eût donnée à l'élection
des magiſtrats, la paix publique eût été moins aſſu-
rée, la police moins juſte, ſi jamais l'homme privé,
le citoyen iſolé, n'eût pu *appeller*, dans une matière grave, d'un jugement quelconque à l'aſſemblée
du peuple. Car la ſentence populaire eſt toujours
un acte légal, ſouvent d'équité naturelle, & plus
ſouvent encore de ſageſſe & de raiſon : puiſque,
comme dit Machiavel, *le peuple peut ſe tromper*
dans les choſes générales, mais il juge toujours
avec ſageſſe dans les cas particuliers (1).

Lacédémone, où l'eſprit militaire, la police guer-
rière ſembloient devoir aſſujettir les citoyens à une
obeiſſance abſolument paſſive, Lacédémone recon-

---

(1) Diſcours ſur Tite-Live, décad. I, l. I, c. 48.

noissoit le droit du peuple comme juge souverain
& fans *appel.* Lorfque , fuivant *Plutarque ,* les
éphores eurent condamné le roi Agis , le peuple
accourut à la prifon où il étoit renfermé , demandant
que fon *procès fût fait & parfait par fes concitoyens.*
Enfin Rome dut fa gloire & les merveilles de fon
gouvernement à l'*appel* au peuple , qui étoit chez
elle l'effroi des tyrans , la fauvegarde des citoyens
& l'arme dont ils fe fervirent pour repouffer la violence, jufqu'à ce que les armées , vendues à d'imbécilles defpotes noyèrent la liberté avec les loix dans
le fang de la patrie.

Il n'eft pas fûr qu'elle jouit , fous les rois , de
ce droit. Guerriers & brigands , les romains ne con-
nurent long-temps qu'une police militaire , police
dont le propre eft de n'éprouver aucun délai, aucun
appel, & d'exclure toute obéiffance raifonnée. Ainfi
l'*appel* d'*Horace ,* meurtrier de fa fœur , eft plutôt
un acte particulier du roi Tullus , une dérogation
momentanée à fon pouvoir fouverain, qu'une preuve
certaine de la fupériorité légalement reconnue du
peuple fur le roi : c'eft le fentiment de *Montefquieu.*
Le peuple n'avoit pas le pouvoir de juger , dit-il ;
quand Tullus Hoftilius renvoya le jugement d'Ho-
race au peuple, il eut des raifons particulières que
l'on trouve dans Denis d'Halicarnaffe. (*Efprit des*
loix , liv. II , ch. 12.)

Mais lorfque la violence & le mépris du peuple ,
qui fuivent toujours le pouvoir monocratique, eurent
fait chaffer les rois , lorfque les romains joignirent
l'idée de cité à toutes celles qu'ils avoient fur la
guerre , lorfqu'ils eurent reconnu que la force des
armes peut bien faire la conquête d'un pays , agran-
dir le domaine public, mais jamais affeoir le repos
& la félicité commune fur une bafe certaine, qu'il
faut des loix & un ordre de jurifdiction établis ; que
cet ordre devoit être tel que le peuple fût en dernière analyfe le juge fuprême , comme il eft , en
effet, le fouverain réel ; alors de nouveaux prin-

cipes s'établirent , de nouvelles vues se dévelop-
pèrent. On reconnut la faute qu'on avoit faite d'a-
bandonner tout le pouvoir au chef de l'état, on
craignit un nouvel esclavage ; & ces sentimens deve-
nus communs ne demandoient qu'une occasion favorable pour opérer une révolution.

La proscription de la royauté fut conduite , il
faut en convenir par les patriciens à Rome , mais
le peuple y avoit contribué de toute sa force ;
c'étoit avec son aide que les Tarquins avoient
été chassés. Il falloit reconnoître cette fermeté,
en offrir la récompense, & sur-tout ménager
un peuple fier , qui détestoit la tyrannie. Aussi
le sénat , qui eût bien voulu s'emparer de tout
le pouvoir, fut-il obligé de céder à l'influence de
l'opinion générale, & de passer une loi, qui, en
assurant le droit du peuple contre les passions des
nobles, établissoit l'*appel* à ses assemblées d'une
manière positive & incontestable. Cette loi, rap-
portée par *Tite-Live* & *Denis d'Halicarnasse*,
porte : que tout citoyen romain qui aura été condamné par un magistrat, ou à perdre la vie, ou à
être battu de verges , ou à payer quelque amende,
aura droit d'en *appeller* au jugement du peuple,
sans que le magistrat puisse passer outre avant que
le peuple eût donné son avis. Les haches furent dès-
lors ôtées des faisceaux que les licteurs furent obli-
gés de baisser en entrant dans l'assemblée du peuple,
comme une marque du respect qu'on doit au souverain : coutume que tous les magistrats observè-
rent ensuite & que les tyrans seuls , tels que les
décemvirs, tentèrent de détruire.

Ces derniers avoient dépouillé la nation de ses
droits par le pouvoir des armes , *armorum poten-
tia*, comme disoit *Virginius* à ses compagnons, &
tenoient la ville dans l'oppression. Ce malheur devoit
son origine à l'imprudence d'avoir donné aux décemvirs une puissance sans-bornes : *placuit*, dit Tite-
Live , *decemviros creari sine provocatione.*

Il fallut donc rétablir l'*appel* au peuple comme la
fauvegarde de la liberté publique & particulière. On
fit une nouvelle loi pour le mettre à l'abri des at-
teintes qu'on lui avoit portées. Elle ftatuoit : qu'on
ne pourroit créer aucune magiftrature, dont les
jugemens ne feroient point fujets à l'*appel*, & l'on
permit de tuer impunément quiconque oferoit pro-
pofer une pareille création (1). La rigueur de la
peine attachée à l'infraction de la loi en prouve la
néceffité, & fait voir en même temps l'importance
qu'y mettoient les romains.

Le fénat & les patriciens, qui, ennemis des plébéiens par orgueil & par ambition, ne cherchoient
qu'à les dépouiller de leurs droits, voyoient avec
peine cette loi qui les affujettiffoit au jugement du
peuple. Pour en éluder l'effet, lorfque leur ven-
geance ou leurs prétentions bleffées les portoient à
prononcer quelque fentence dont on ne pût appeller,
ils recouroient à l'élection d'un dictateur ; cette
magiftrature au - deffus des loix & du fouverain
même. Le plus léger prétexte leur fuffifoit ; & de
là les diffentions, les divifions, l'état de guerre qui
fubfifta entre les deux ordres jufqu'aux loix lici-
niennes.

Mais, à cette époque, l'odieufe barrière mife
entre les patriciens & les plébéiens étant tombée,
ceux-ci étant parvenus aux premières places de l'é-
tat, & toutes les magiftratures comme toutes les
charges publiques étant devenues communes, alors
les loix en faveur du peuple, ou plutôt de la république, furent maintenues ; la police romaine fe ré-
tablit, la juftice & l'honneur devinrent la fauvegarde de la conftitution, jufques-là qu'une nouvelle loi ayant été portée en faveur de l'*appel* au

---

(1) *Legem de provocatione in pofterum muniunt, fanciendo
novam legem, ne quis, ullum magiftratum fine provocatione
crearet : qui creaffet eum jus fafque effet occidi ; neve ea cædes
capitalis noxæ haberetur.* Tite-Live, liv. III, ch. 55.

peuple, on se contenta de la peine du blâme contre les infracteurs (1) ; tant le régime populaire est favorable aux progrès de la vertu, de la foi publique & des mœurs. Aussi *Hoock*, remarque-t-il que c'est à cette époque qu'on doit rapporter tout ce que l'histoire nous dit de la gloire & de la puissance romaines.

Comment auroit-il pu se faire, en effet, qu'un sénat jaloux & tyran, maître de l'état & des hommes, se fût élevé à la même énergie de courage & de raison, qu'un peuple roi, protecteur des loix dont lui-même est l'auteur ? Réfléchissez sur les événemens de l'histoire des hommes ; remontez aux causes des grands mouvemens, de ces révolutions qui font honneur à l'humanité, & accélèrent les progrès de l'esprit humain ; vous verrez qu'elles sont dues à la vertu du peuple, à son influence dans l'état politique, à l'aspect majestueux que son ensemble donne aux délibérations qu'il prend en commun, bien supérieures, sans doute, à ces conseils secrets, ces prétendus réglemens politiques sortis du cabinet des princes. Athènes, tant que le peuple y fut libre, offrit au monde la réunion de ce que les vertus & les talens, la gloire & la puissance, ont de plus grand, de plus imposant. Un coin du monde fit l'étonnement du reste, tandis que les vastes royaumes de la Perse, régis par des tyrans imbécilles, n'ont pas même laissé de traces de leur existence dégradée.

Aujourd'hui, l'Europe possède une nation, qui, par son esprit, plus encore que par sa constitution, donne une idée de ce que peut la force du peuple. L'Angleterre, où les arts, la civilisation, le respect de la puissance publique, les mœurs saines,

---

(1) *M. Valerius* de provocatione *legem tulit diligentiùs sanctam ; Valeria lex, cum eum qui provocasset, virgis cædi, securique necari vetuisset, si quis adversus ea fecisset ; nihil ultra quam improbè factum adjecit.* Liv. lib. X, cap. 9.

le commerce & la raison, font plus qu'ailleurs cul-
tivés, refpectés, l'Angleterre agit, pour ainfi dire,
en maffe. C'eft moins le fénat, le prince, que la
nation qui propofe, examine, délibère ; un efprit
public fupérieur aux principes même de liberté qu'on
y trouve, régit, anime ces vaftes corps, & donne
aux mouvemens qu'il produit, aux événemens qu'il
fait naître, cette forme régulière, cette confiftance
politique, cet enfemble qu'on ne trouve point dans
les gouvernemens arbitraires, même où les loix
font refpectées, où par conféquent il exifte une
liberté civile, mais dont le peuple n'eft ni l'auteur
ni le garant. Le peuple anglois jouit du droit de
réfiftance pofitive : ce feroit un terrible *appel* pour
fes maîtres, s'il en avoit jamais, comme on en a
ailleurs.

Quelque jufte, quelque modéré que foit le pouvoir abfolu d'un feul, il defsèche à la longue la
vertu publique, énerve l'ame, & rend le citoyen
indifférent à la gloire nationale. C'eft un cancer
qui ronge le corps politique & le tue lentement ;
l'extirpation eft le feul remède qui peut fauver l'é-
tat : mais ce remède eft violent, & ne réuffit pas
toujours, quand le mal a jetté de profondes racines.
La république affoiblie, reffemble a une jeune femme
dont la beauté, la force & la fécondité, minées &
corrompues par une plaie douloureufe, n'offrent à
la place d'un enfemble régulier & féduifant, que
des formes décharnées, un tout qui périt avant
l'âge.

Ainfi Rome vit à peine le pouvoir abfolu des empereurs envahir tous les droits, que le terme de fa
grandeur parut : elle continua quelque temps encore
à fixer les regards du monde, mais ce fut b en plus
par ce qu'elle avoit été que par ce qu'elle étoit. Cette
grande & fublime puiffance, élevée par les vertus
& l'héroïfme d'un peuple roi, fe foutint par la
force de la vie qu'elle avoit fi long-temps puifée
dans fon fein. Le mouvement d'un grand peuple

dure long-temps ; il faut l'action lente & conftam-
ment foutenu de la tyrannie pour l'arrêter ; c'eft ce
qu'éprouvèrent les romains. Les loix n'exiftoient
déjà plus, puifque des maîtres infolens pouvoient
les violer impunément, le tribunat étoit avili, le
droit d'*appel* paffé à la perfonne du defpote & de
là à celle d'affranchis ; ce degré d'aviliffement avoit
déjà fouillé les faftes de la république, que Rome
étoit encore la maîtreffe du monde, invincible par
fes légions, & recommandable par fa fageffe. De
ftupides empereurs s'honoroient de cette gloire,
comme fi elle leur appartenoit, comme fi elle n'é-
toit point l'effet de l'efprit républicain qui animoit
encore l'empire ; & comme fi leur infolent gouvernement ne tendoit point à l'anéantir à jamais.

C'eft une chofe étonnante que des rois aient
quelquefois expofé leur vie pour un objet mé-
prifable, par haine, par ambition déplacée, &
qu'aucun n'ait eu encore le courage vraiment hé-
roïque d'abandonner l'empire, de remettre le
fcèptre au peuple, d'employer une autorité dange-
reufe à l'affermiffement de la puiffance nationale.
Quelques-uns ont abdiqué, mais ç'a été en difpo-
fant de leur état par contrat, par donation,
comme on difpofe d'une maifon en faveur de qui
l'on veut de fes enfans. Il faut que l'amour du
pouvoir foit bien enraciné dans le cœur de l'homme ;
il faut en même temps que l'habitude du joug foit
quelque chofe de bien dégradant, puifque jamais
aucun peuple n'a férieufement pris fur lui d'empêcher un monarque de difpofer de lui comme de ferfs
attachés à la glèbe & foumis aux volontés d'un
maître.

Par tout ce que nous venons de dire de *l'appel*
au peuple, à Rome, à Athènes, on peut juger de
fon influence fur les mœurs & la morale de ces
peuples. La crainte d'un jugement public devoit
contenir les juges prévaricateurs, la certitude de
ne pouvoir recevoir de punition injuftement,

puifqu'on eût pu fe fouftraire à une fentence inique ;
en foumettant de nouveau fa caufe à la décifion
de fes pairs ; enfin, la majefté, la fierté que de
pareilles loix donnent au caractère, devoient les
tenir loin de cette turpitude, de cette petiteffe qu'on
retrouve dans les nations modernes, quoiqu'elles
aient une religion & des principes de morale, à
bien des égards, fupérieurs à ceux des Grecs & des
Romains.

Par la même raifon, la police, l'ordre public
devoient être refpectés avec d'autant plus de fcrupule,
que chacun ne voyant de fupérieur que la loi, &
tout homme pouvant forcer un autre à s'y foumettre,
il eût été honteux & dangereux de vouloir la braver.
Les citoyens fans efpions, fans contrainte, fans op-
preffion, étoient pour ainfi dire furveillés les uns
par les autres : ils ne connoiffoient ni enlèvement,
ni violence, ni infulte de la part des officiers
publics. Lorfque de grands malheurs arrivoient,
lorfque la tyrannie armée s'emparoit du pouvoir
fouverain, que la république étoit affervie, c'étoit
de grands crimes qui produifoient ces révolutions,
elles tenoient aux fautes de tout un peuple, & non
pas à la turpitude de quelques particuliers. Ces
défordres foulevoient la nation, & le peuple
fecouoit le joug, ou du moins obéiffoit à d'illuftres
chefs. Mais jamais un peuple libre, un peuple
où l'on pouvoit appeller à lui de toutes les fentences,
ne rampa fous la férule honteufe de quelques agens
obfcurs, ne fut le jouet de fes valets & d'hommes
deftinés à des fonctions purement paffives. Cet
aviliffement eut lieu enfin, mais ce ne fut que
lorfque Rome, livrée à des empereurs foupçonneux,
à des princes imbécilles, à des hommes que la crainte
ou le remord agitoit, eut perdu la fenfation même
de fes maux, & marchoit vers fa deftruction.

III°. Si *l'appel* au peuple honora, éleva, pro-
tégea fi long-temps les nations les plus refpectables
de l'antiquité ; fi Rome, fi Athènes lui dûrent
leur

leur police, leurs mœurs nobles & courageuses ;
si elles soutinrent long-tems la vertu publique
par son moyen, pourquoi les peuples modernes
n'en retireroient - ils pas les mêmes avantages ?
pourquoi ne chercheroit-on pas les moyens de l'y
établir ?

Il seroit je crois, très-faux de dire, qu'une des
preuves que *l'appel* au peuple seroit inutile aujourd'hui , c'est qu'il n'existe plus sur la terre depuis
la destruction de la liberté romaine & grecque ;
car avec un pareil argument on repousseroit toute
institution utile que nous pourrions imiter de l'antiquité. Et d'ailleurs ne sait-on pas que tous les
peuples policés d'aujourd'hui sont entés sur des
nations de brigands qui ont dévasté la moitié du
monde , & y ont établi un système de gouvernement, que les peuples que nous venons de nommer
ne devoient point connoître.

Voici un principe : il y a cette différence entre
la législation d'un peuple formé de vainqueurs &
de vaincus, & celle d'un peuple qui s'est établi sur
une terre inhabitée, que chez ceux-là, la civilisation s'y développe difficilement, & sans le secours
de la liberté ; les vaincus suivent en partie le droit
des vainqueurs , les vainqueurs , une partie des
mœurs des vaincus ; & de cette mauvaise police
il résulte une forme de gouvernement où l'esprit
de servitude , d'imitation , forme le goût national ,
& où la force , la considération personnelle , les
titres , composent le droit public ; c'est le gouvernement féodal : nous y sommes tous plus ou
moins soumis , mais cependant moins qu'autrefois.

Les peuples au contraire qui se sont établis sur
une terre vierge, où chaque occupant est maître
& souverain de la partie qui lui tombe en partage ,
où tous donnent & reçoivent la loi , où tous forment
une assemblée d'égaux ; ces peuples ne se civilisent qu'à
l'ombre de la liberté , leurs formes publiques visent
à l'égalité ; l'esprit qui règne parmi eux , est un esprit

fier qui fe reffent toujours de fon origine, & qui ne connoiffant de refpectable que l'état, regarde toujours une décifion particulière comme au-deffous du jugement de tous. Ils auront donc *l'appel* au peuple en honneur ; tels furent les romains.

Mais parce que nous, nations modernes, nous n'avons pas l'avantage d'être un peuple unique, que nous fommes compofés de vainqueurs & de vaincus, que l'efprit de fervitude & de domination a long-tems régné parmi nous, s'en fuit-il que nous devions toujours refter dans notre état de peuple barbare ? La diftinction de maître & d'efclave qui fubfifta pendant tant de fiècles, a difparu ; celle de feigneur & de vaffal ne fera bientôt plus qu'un mot, & quand il y auroit toujours parmi nous des nobles & des plébéiens, ce ne feroit pas une raifon pour repouffer toute forme de liberté nationale & privée, puifqu'à Rome, à Athènes même, ces deux ordres exiftoient.

Qui pourroit s'oppofer à ce qu'on établît *l'appel* au peuple ? quel danger y trouveroit-on ? je n'en vois aucun ; mais foumettre, dira-t-on, la fortune, la vie des particuliers, la caufe nationale, à la décifion d'une vile populace ; voilà ce qui eft impoffible, voilà ce qui eft dangereux.

D'abord je remarque que fous le nom de peuple, on entend ici l'enfemble de la population, noble, plébéien, marchand, agriculteur, tout ce qui compofe l'ordre civil, tout ce qui n'eft pas foudoyé par l'état, tout ce qui jouit du droit de cité. Or, je le demande, eft-ce là une vile populace ? Ajoutez qu'une nation appellée à délibérer fur fes propres intérêts, fur les affaires publiques, a bientôt acquis la force de caractère & d'idées, propre à jouer dignement fon rôle. En fecond lieu, il faut bien entendre ce que c'eft que *l'appel* au peuple. Cet acte public n'a lieu que par l'inftruction, le développement de la queftion que l'on foumet à fon jugement. L'orateur ou l'homme public fait entendre sa voix, il explique, il écoute la contradiction de son adversaire, & lorsque la matière est discutée, analysée, le peuple est encore maître de différer son jugement, & de remettre la décision à une autre séance. Tout se fait sans désordre, sans tumulte, sans abus, parce que chacun a intérêt d'entendre, de dire son avis, de prononcer un jugement juste; chacun a intérêt que les loix soient exécutées, le coupable puni, l'innocent absous.

Mais enfin, dira-t-on encore, comment en *appeller* au peuple dans un vaste état, comme la France par exemple ? Il est vrai qu'un grand peuple est plus difficile à gouverner qu'un petit, mais un grand peuple ne doit pas avoir plus de peine à se gouverner qu'un petit, parce que les moyens se multiplient avec les soins que font naître la population & l'étendue du pays. L'erreur vient de ce qu'on suppose que cent ou deux cents hommes doivent seuls régler les autres qui par-là se trouvent réduits à jouer un rôle purement passif. Mais cette illusion disparoît, lorsque chaque membre de l'état remplit sa place, & contribue pour sa part un gouvernement comme à la défense de son pays; & ces arrangemens sont faciles par-tout.

Rien au reste n'est moins compliqué en fait d'administration publique, que la voie de *l'appel au peuple*, & rien ne me semble plus propre à resserrer le lien social, qui se relâche, comme dit l'auteur du *contrat social*, à mesure que l'état s'étend.

A moins d'être réduit à l'état de serf, tout peuple renferme dans son sein une hiérarchie de corps publics, d'assemblées populaires, telles que sont chez nous, & que furent sous la domination romaine, les municipalités. Il suffit de cette forme pour établir l'*appel* au peuple, sans confusion, sans abus, & cela de deux manières.

1°. Ou en soumettant un jugement à *l'appel* au peuple dans toutes les assemblées qui ont ou auroient lieu dans toutes les villes du royaume, & où tout citoyen libre, de la ville & de la campagne, pourroit venir donner sa voix; & parler, même s'il le vouloit. Reprenant ensuite les décisions de chaque assemblée, il seroit facile, par un moyen d'administration bien simple, de prononcer un nouveau jugement d'après le suffrage du plus grand nombre d'assemblées.

2°. Et ce moyen paroît plus simple & plus imposant; l'assemblée d'*appel* pourroit être fixée dans une ville unique, la capitale, par exemple, où tout citoyen auroit droit de rester; mais comme l'éloignement des provinces pourroit empêcher d'y assister, chaque assemblée de ville pourroit envoyer son vote à celle de la capitale, & ce vote seroit compté pour autant de suffrages, qu'il y auroit d'individus qui l'auroient signé, sans que cela empêchât les particuliers de venir voter à l'assemblée capitale, lorsqu'ils n'auroient pas voté à celle de province.

Au reste, il pourroit y avoir des objets uniquement destinés aux délibérations particulières de chaque ville, sans qu'il fût nécessaire de les soumettre à celles de toute la nation, & c'est ce que nous devons examiner.

IV°. Nous supposons l'utilité de *l'appel* au peuple reconnue, le moyen de l'établir fixé; quels seroient les objets de sa compétence? & en admettant des assemblées d'*appel* dans chaque ville & dans la capitale, quels jugemens pourroient être soumis à la décision d'une seule, & quels autres à la décision de toutes, pour être définitifs?

Nous croyons que tout ce qui pourroit intéresser une ville ou le territoire qui en dépend, tous les objets de police, les jugemens en matière d'emprisonnement, les propositions d'établissemens, de réformes pourroient être proposés à l'assemblée du peuple, c'est-à-dire de particuliers, ayant le droit de cité; & que tous les objets qui intéresseroient la généralité du royaume, toutes les sentences, qui en violant le droit en la perſonne d'un citoyen, portent atteinte à la ſûreté publique., ſeroient de la compétence de *l'appel* au peuple dans toutes les aſſemblées de l'état, ou dans celle de la capitale munie des votes de celles des provinces, & groſſie de tous ceux qui voudroient y venir, & qui n'auroient point voté chez eux.

Ces aſſemblées du peuple décerneroient les ré-compenſes, les peines dans les matières publiques, avec un appareil & plus impoſant & plus efficace, que tant d'aſſemblées où tout ſe fait à huis clos, & où l'homme reſſerré dans les liens d'une adminiſtration aſſervie, ne peut donner à ſes idées, à ſes démarches, ce caractère de grandeur qu'inſpirent la vue du peuple & le deſir de captiver ſon ſuffrage.

C'eſt une remarque qu'on a toujours faite, que ſi le peuple peut être ſéduit, corrompu, ce ne peut être au moins par des moyens vils. Voilà pourquoi l'intrigue même a quelque choſe de grand dans les républiques qu'elle n'a pas dans les états arbi-traires.

Ces idées paroîtront ſans doute étonnantes, & peut-être ſingulières à un certain ordre de lecteurs, nous l'avons déjà dit. Ils regarderont comme une choſe oiſeuſe & que rien n'indique dans l'état, cette forme d'*appel*; mais ce ſera faute de réflexion qu'on portera ce jugement. *L'appel* au ſou-verain, au prince dans l'ordre politique actuel, n'eſt légitime & légal, que parce qu'il re-préſente *l'appel* au peuple, que parce qu'il en eſt le vice-gérent, & que ſon autorité eſt fondée ſur celle de la nation. Charlemagne lui - même reconnoiſſoit ces principes. Ce Prince reçut une requête où l'on demandoit que les eccléſiaſtiques fuſſent diſpenſés de ſervir en perſonne à la guerre. Il répondit, que ne poſſédant pas ſeul l'autorité légiſlative, il falloir que cette matière fût ſoumiſe au jugement de la nation. *Capitul T.* 1. p. 405.

Déjà ce Monarque avoit reconnu que lorsqu'il falloit établir une loi, elle devoit être soumise à la délibération du peuple, & que ce n'étoit que d'après sa délibération, qu'il pouvoit prendre soin de la faire exécuter. *Cap. vol.* p. 194. Enfin les formes, altérées a la vérité, du pouvoir populaire, se conservent, même sous les monarchies les plus absolues.

Nous avons adopté des assemblées de députés, qui conservent à la nation son pouvoir législatif ; mais le pouvoir exécutif & la jurisdiction ont tellement été arrachés des mains du peuple, que malgré les nombreux représentans qu'on peut lui donner, il n'est libre que conventionnellement. Les loix peuvent être violées, altérées en faveur de quelques particuliers ; on peut le fouler, l'avilir, le dégrader, sans qu'il puisse presque se faire respecter. De toutes les manières il est gouverné & jamais il ne gouverne comme peuple, mais seulement comme député, ce qui n'est pas également favorable au développement des facultés sociales & de la vertu publique.

L'Angleterre en conservant, de fait beaucoup plus que de droit, une grande liberté à la presse, a éprouvé une partie des bons effets de l'*appel* au peuple. Lorsqu'on peut dénoncer à la nation une infraction faite aux loix, un abus d'autorité, c'est toujours un grand bien, quoiqu'on ne puisse parler au peuple, & que celui-ci ne puisse porter un jugement, que d'une manière indirecte, & seulement de façon à influer sur l'opinion de ses chefs.

V°. Quoiqu'il ne soit pas croyable que l'*appel* au peuple soit de si-tôt établi en Europe sur le pied où il étoit à Rome, quoique la forme de gouvernement & de police adoptée parmi nous en rende l'exécution très difficile, qu'il n'y ait qu'une longue suite de guèrres civiles, de troubles, soutenus de quelque vertu qui puisse élever le peuple jusqu'à vouloir rentrer dans une jouissance de droit aussi légitime , ce ne fera peut-être pas néanmoins fans quelque plaifir qu'on réfléchira à la révolution qu'il produiroit dans les mœurs & l'efprit des nations.

D'abord, qu'on fe figure un grand peuple , qui, raffemblé fur un territoire contigu dans toutes fes parties ; que le defir & la foif des conquêtes ne tranfporte pas au-delà des bornes de fon empire ; où les arts, les fciences, les productions du génie, les fubfiftances font à portée de tout le monde, où un grand commerce fait circuler les richeffes, qu'on fe figure ce peuple jouiffant du droit d'*appel*, & fous un chef refpecté , protégeant fes loix par la force de la maffe & l'influence de fon pouvoir fouverain. Dans une époque comme la nôtre , où les droits de l'homme font mieux connus, où la paix eft devenue néceffaire par la jaloufie, la crainte réciproque des états , & où la guerre eft difficile & difpendieufe par les nouveaux moyens de la faire , on ne fauroit douter des avantages qui réfulteroient pour le bonheur public de l'établiffement de l'*appel* au peuple.

S'il eft vrai en effet que ce bonheur dépende non-feulement des bonnes loix, mais fur-tout de leur exacte & impartiale exécution , quel moyen plus puiffant de remplir cet objet que l'*appel* au peuple ? Qui pourroit le féduire dans des affaires majeures pour le faire décider contre fes propres intérêts ?

De ce principe il réfulte que la police feroit mieux organifée, la religion plus refpectée, l'honneur public plus confidéré, le patriotifme plus commun ou plutôt la bafe inébranlable de la conftitution. On peut croire auffi fans exagération que les mœurs s'amélioreroient , quoiqu'il ne foit pas certain qu'elles en deviffent plus douces , mais elles feroient plus pures, & cette pureté ne dégénéreroit pas en rigorifme, comme il arrive dans les états corrompus, où ceux qui veulent fe donner pour vertueux ne fe montrent que durs & fanatiques.

Les arts, chez un pareil peuple, fur-tout les arts de génie, s'avanceroient à grands pas vers la per-fection ; parce que les artiftes, animés du defir d'illuftrer une patrie où la liberté ne feroit pas un mot vuide de fens, & les loix une bride, une leure pour les pauvres citoyens, fe difputeroient le mé-rite à fes yeux de l'enrichir de leurs ouvrages : cette action réagiroit fur toutes les parties de l'état focial, & chaque ville offriroit les chef-d'œuvres d'Athènes & les vertus de l'ancienne Rome.

Nous répétons ici ce que nous avons déjà dit, que la propofition feule d'un pareil projet pa-roîtra ridicule à plus d'un lecteur ; l'habitude de regarder la démocratie comme un monftre, un certain penchant à la pareffe politique, c'eft-à-dire, au défaut d'abandonner à quelques perfonnes tout le foin des affaires publiques, le préjugé en faveur de l'ordre établi, quelques mauvais pro-verbes oppofés aux intérêts du peuple, & par-deffus tout l'étonnement, la fatigue que produit dans l'ef-prit une grande nouveauté, doivent faire regarder *l'appel* au peuple comme inutile, chimérique & dangereux. Mais ce qui paroît monftrueux aujourd'hui, peut ne pas l'être dans cent ans ; on peut revenir fur des inftitutions qui ont été utiles autre-fois.

F I N.